BIBLIOTHÈQUE SPÉCIALE DE LA SOCIÉTÉ
DES
AUTEURS ET COMPOSITEURS DRAMATIQUES

# AU
# SAUT DU LIT

VAUDEVILLE EN UN ACTE

PAR

## MM. ÉD. HERMIL ET ALFRED AUBERT

Représenté pour la première fois, à Paris,
sur le Théâtre des FOLIES-DRAMATIQUES, le 28 mai 1872.

PARIS
E. DENTU, ÉDITEUR
*Libraire de la Société des Auteurs et Compositeurs dramatiques*
ET DE
*la Société des Gens de Lettres.*
PALAIS-ROYAL, 17 & 19, GALERIE D'ORLÉANS.

1872

Tous droits réservés.

## EN VENTE A LA MEME LIBRAIRIE.

Adelaïde et Vermouth, idylle militaire en un acte, par M. Eugène Verconsin, in-18. 1 »

Adrienne Lecouvreur, comédie-drame en 5 actes, par MM. Scribe et E. Legouvé. Gr. in-8. » 60

L'Affaire de la Rue Quincampoix, comédie en un acte, par MM. Dupin et Clairville. 1 »

L'Affaire est arrangée, comédie en un acte de MM. E. Cadol et W. Busnach. 1 »

Nos Alliées, comédie en 3 actes, de P. Moreau. 2 »

L'Amour citoyen, vaudeville en un acte, par M. Jules Renard. 1 »

L'Ange de mes rêves, vaudeville en 3 actes, par MM. Varin et Michel Delaporte. 1 »

L'Auteur de la pièce, comédie-vaudeville en un acte, de MM. Varin et Mic. Delaporte. 1 »

L'Automne d'un Farceur, scènes de la vie conjugale, par Ed. Brisebarre et Eugène Nus. 1 »

Autour du Lac, comédie en un acte, par MM. Crisafulli et Jules Prevel. 1 »

L'Avocat des Dames, comédie-vaudeville en un acte, de MM. H. Rimbaut et R. Deslandes. 1 »

Le Beau Dunois, opéra bouffe en un acte, de MM. Henri Chivot et Alfred Duru. 1 »

La Bergère de la rue Monthabor, comédie-vaudeville en 4 actes, de MM. Eugène Labiche et Delacour. 2 »

Les bienfaits de Champavert, comédie-vaudeville en un acte, par M. Henri Rochefort. 1 »

La Bonne aux Camélias, vaudeville en un acte, par MM. H. Crémieux et Jaime fils, in-18. 1 »

La Botte d'Asperges, vaudeville en un acte, par MM. Thiéry et Bedeau. 1 »

Le Bouchon de carafe, vaudeville en un acte, de MM. Dupin et Eugène Grangé. 1 »

La Boule de Neige, pièce en trois parties, par Ed. Brisebarre et E. Nus. 1 50

Le Cadeau d'un horloger, vaudeville en un acte, par M. Hippolyte Rimbaut, in-18. » 60

La Cagnotte, comédie-vaudeville en 5 actes, de MM. Eug. Labiche et A. Delacour. 2 »

Les Calicots, vaudeville en 3 actes, par MM. H. Thiéry et Paul Avenel, in-4. 1 50

Le Canard à trois becs, opéra-bouffe en 3 actes, paroles de M. J. Moinaux, musique de Jonas, in-18. 1 50

Le Carnaval d'un merle blanc, folie parée et masquée en 3 actes, par MM. Chivot et A. Duru. 2 »

Le Cachemire X-B-T, comédie en un acte, par MM. Eugène Labiche et Eugène Nus. In-18. 1 »

Célimare le Bien-Aimé, comédie-vaudeville en 3 actes, de MM. Labiche et Delacour. 2 »

Les Chambres de Bonnes, vaudeville en 3 actes, par MM. Hippolyte Rimbaut et Raimond Deslandes, in-18. 1 50

La Chasse au Bonheur, comédie en un acte, par M. Adrien Decourcelle. 1 »

Les Chemins de fer, comédie-vaudeville en 5 actes, par MM. Eugène Labiche, Delacour et Adolphe Choler, in-18. 2 »

Les Chevaliers de la Table Ronde, opéra-bouffe en 3 actes, paroles de M. H. Chivot et A. Duru, musique de M. Hervé, in-18. 1 50

Chilpéric, opéra-bouffe en 3 actes, paroles et musique de M. Hervé. In-4. » 50

Cinq cents francs de récompense, vaudeville en un acte, par MM. Siraudin et V. Bernard. 1 »

Le Choix d'un gendre, pochade en un acte par MM. E. Labiche et Delacour, in-18. 1 »

La Chouanne, drame en 5 actes et 10 tableaux, par MM. P. Féval et H. Crisafulli, in-18. 2 »

La Comédie de la vie, scènes parisiennes en 5 actes, par M. Ed. Brisebarre.

Le Comité de lecture, comédie en un acte, en vers, par M. Léon Bertrand. 1 »

La Commode de Victorine, comédie-vaudeville en un acte, par MM. E. Labiche et E. Martin. 1 »

Le Comte d'Essex, drame historique en 5 actes, par M. E Couturier. In-4. » 50

Les Contributions indirectes, comédie vaudeville en un acte, par M. Henri Thiéry. 1 »

Coppélia, ou la Fille aux yeux d'email, ballet en deux actes, par MM. Ch. Nuitter et Saint-Léon, in-18. 1 »

Le Cotricolo, opéra comique en 3 actes, paroles de MM. Eugène Labiche et Michel Delacour, musique de M. E. Poise, in-18. 1 »

Un Coup d'éventail, comédie en un acte, par MM. C. Nuitter et Louis Depret, in-18. 1 »

Les Couteaux d'or, drame en 5 actes et 8 tableaux, par M. Ferdinand Dugué, tiré du roman de Paul Féval, in-18. 1 50

Les Curiosités de Jeanne, comédie en un acte, par M. E. Verconsin. 1 »

La Dame aux giroflées, comédie-vaudeville en un acte, par MM. Varin et M. Delaporte. 1 »

La Dame au petit chien, comédie-vaudeville en un acte, par MM. Labiche et Dumoustier. 1 »

Une Dame du lac, comédie-vaudeville en un acte, par M. Adrien Choler. 1 »

Le Dernier jour de Pompéi, opéra en 4 actes, paroles de MM. Nuitter et Beaumont, musique de M. Victorin Joncières, in-18. 1 »

Le Dernier Couplet, comédie en un acte, par M. Albert Wolff. 1 »

Deucalion et Pyrrha, pastorale mythologique en un acte, par MM. Clairville et Guenée. 1 »

Le Docteur Crispin, opéra-bouffe en 4 actes, paroles de MM. Nuitter et Beaumont, musique des frères L. et F. Ricci. In-18. 1 50

Le Dossier de Rosafol, comédie-vaudeville en un acte, par MM. Labiche et Delacour. In-18 1 »

L'Échéance, comédie en un acte, par M. Georges Petit. 1 »

Ernest, comédie en un acte, par MM. Clairville et Oct. Gastineau. 1 »

La Fée aux roses, opéra-comique en 3 actes, par MM. Scribe et de Saint-Georges, musique de M. Halévy. Gr. in-8. 1 »

La Femme du notaire, comédie en un acte, par M. Eug. Delaporte, in-18. 1 »

Une Femme qui bat son Gendre, comédie-vaudeville, en un acte, par MM. Varin et M. Delaporte. 1 »

Une Femme, un Melon et un Horloger, vaudeville en un acte, par MM. Varin et M. Delaporte. 1 »

Ferblande ou l'Abonné de Montmartre, parodie en un acte, trois tableaux et deux intermèdes, par MM. Clairville, O Gastineau et W. Busnach. 1 »

La Fiancée de Corinthe, opéra en un acte, paroles de M. Camille Du Locle, mus. de M. J. Duprato. In-18. 1 »

Fernandinette, par feu Firmin Didelot. 1 »

La Fiancée du roi de Garbe, opéra-comique en 3 actes, de MM. Scribe et de Saint-Georges, musique de M. Auber. 2 »

Le Fifre enchanté, opérette en un acte, paroles de MM. Nuitter et Tréfeu, musique de M. Jacques Offenbach. in-18. 1 »

Le Fils du brigadier, opéra-comique en 3 actes, paroles de MM. Eugène Labiche et A. Delacour, musique de M. Victor Massé, in-18. 1 »

La Fille bien gardée, comédie-vaudeville en un acte, de MM. E. Labiche et Marc-Michel. 1 »

La Fille de Molière comédie en un acte, en vers, par Edouard Fournier. 1 »

# AU SAUT DU LIT

VAUDEVILLE EN UN ACTE

PAR

MM. ÉD. HERMIL ET ALFRED AUBERT

Représenté pour la première fois, à Paris,
sur le Théâtre des FOLIES-DRAMATIQUES, le 28 mai 1872.

PARIS
E. DENTU, ÉDITEUR
Libraire de la Société des Auteurs et Compositeurs dramatiques
ET DE
la Société des Gens de Lettres.
PALAIS-ROYAL, 17 & 19, GALERIE D'ORLÉANS.

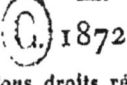 1872

Tous droits réservés.

# PERSONNAGES

DOUILLARD, rentier .............. MM. Léon Noel.

CYPRIEN, frotteur................. Jacquier.

ZÉLIA, femme de Douillard.......... M^mes Lorentz.

TOINETTE, sa bonne....... ........ Léonie Gaubert.

# AU SAUT DU LIT

Le théâtre représente un petit salon.
A gauche, l'appartement de Douillard; à droite, celui de Zélia.

### SCÈNE PREMIÈRE

#### TOINETTE, *seule*.

Six cent soixante-dix... six cent soixante-quinze... six cent soixante-dix-sept... soixante-dix-huit.. Encore vingt-deux francs et je me mets dans mes meubles... Oh! ne plus être chez les autres... se sentir chez soi... bien chez soi... Ah! je peux dire que le jour où, grâce à mes économies, je me sortirai du service, je m'en rendrai un fier... de service!... C'est vrai, ça. C' n'est pas une position de servir... Les militaires ne font que sept ans... eux, tandis que nous, pauvres femmes... sans compter qu'ils ont des congés... Mais je perds mon temps là... et madame ne va pas tarder à m'appeler pour son chocolat... Oh! les maîtres! les maîtres! Si ce n'était pas parce qu'ils nous paient nos gages, je voterais pour qu'on les supprime... (*On sonne.*) Déjà du monde... à sept heures du matin. Ah! j'y suis... c'est probablement ce jeune peintre que madame a fait demander... Elle veut donner son portrait à son mari, pour le jour de sa fête; et, pour que le bourgeois ne se doute de rien, elle a fait dire à ce barbouilleur de venir de bonne heure. (*On sonne plus fort.*) Allons, bon! le voilà qui s'impatiente... Allons ouvrir. (*Elle sort.*)

### SCÈNE II

#### DOUILLARD, *seul, il sort de sa chambre.*

On a sonné!... et ce coup de sonnette a fait vibrer en moi toutes mes idées belliqueuses... car je l'ai deviné... ce doit être lui... le professeur de canne que j'ai mandé... Je sais bien qu'il y a des gens qui me diront : Eh quoi! Douillard... (Douillard, c'est mon nom) à ton âge, cinquante-sept ans... on ne doit songer à la canne que comme bâton de vieillesse... Ces gens-là ignorent sans doute que je possède une femme... un trésor de jeunesse et de beauté, vingt cinq ans, et des yeux comme des portes cochères, ce qui semble autoriser les amoureux à demander le cordon... Certes, Zélia — c'est son nom — est vertueuse ; j'en mettrais au feu la tête de mon concierge ; mais je veux me tenir en garde, et une canne dans la main d'un mari est toujours une excellente chose, pour défendre la vertu de sa femme... Aussi j'espère en quelques séances apprendre à casser les reins au premier freluquet qui oserait se permettre la moindre licence à l'endroit de mon épouse... Je compte prendre mes leçons, le matin, au saut du lit, avant que Zélia ait ouvert la paupière... afin qu'elle ignore... pauvre chatte!.. Ça l'épouvanterait... (*Bruit.*) Ah! j'entends mon professeur qui cause avec Toinette... Je ne puis, pour une première fois, le recevoir en pet-en-l'air... Allons endosser mon Elbeuf. (*Il rentre dans sa chambre.*)

## SCÈNE III

TOINETTE, CYPRIEN, *tenue de frotteur, avec accessoires.*

TOINETTE.

Il n'y a pas de bon sens de sonner si fort à cette heure... Je suis sûre que vous avez réveillé monsieur et madame.

CYPRIEN.

Mam'zelle, je vas vous dire... aussi vrai qu'y a qu'un Dieu en France.

TOINETTE.

Vous allez peut-être me faire croire que vous n'avez pas sonné à démantibuler la sonnette.

CYPRIEN.

Mamzelle, je vas vous dire... Aussi vrai qu'y a qu'un Dieu en France...

TOINETTE.

Enfin, quoi? Qu'est-ce que vous venez faire à cette heure?

CYPRIEN.

Mam'zelle, voici la chose : Quand on mange du melon, faut avaler les pepins avec, sans ça.. c'est indigeste...

TOINETTE.

Qu'est-ce que vous me chantez là... vous?...

CYPRIEN.

Oui, à preuve... Antoine... vous savez bien, Antoine...

TOINETTE.

Quel Antoine?

CYPRIEN.

Votre frotteur!

TOINETTE.

Le frotteur de la maison. Eh bien! après?...

CYPRIEN.

Après?... Il s'en a fourré jusque là.

TOINETTE.

De quoi?

CYPRIEN.

Et il n'a pas avalé les pepins.

TOINETTE.

Les pepins de quoi?...

CYPRIEN.

Du melon.

TOINETTE.

Quel melon?

CYPRIEN.

Le frotteur.

TOINETTE.

Ah ça! tâchez de vous expliquer plus clairement.

CYPRIEN.

Pour lors, il s'a flanqué une indigestion, que rien n'est plus gênant pour le frottage... C'est comme quoi qu'il m'a prié de venir frotter pour lui.

TOINETTE.

Ah! vous voulez dire qu'Antoine est indisposé et qu'il vous a prié de le remplacer, n'est-ce pas?

CYPRIEN.

Vous avez mis le doigt dessus.

TOINETTE.

Eh bien! frottez, pendant que moi, je vais allumer mon feu pour le chocolat.

CYPRIEN.

Il y a longtemps que vous avez allumé le mien, de feu.

TOINETTE.

A vous? Vous ne me connaissez seulement pas.

CYPRIEN.

Oh! que si!... oh! que si!... v'là longtemps que je vous guigne, allez... et quand Antoine m'a dit de venir le remplacer, aussi vrai qu'y a qu'un Dieu en France, j'ai pas hésité.

TOINETTE.

Mais apprenez, monsieur, que je suis une honnête fille.

CYPRIEN.

Pardine... je l' sais ben... sans ça...

TOINETTE.

Ce serait donc pour le bon motif...

CYPRIEN.

Mais pour tous les motifs que vous voudrez, mam'zelle.

TOINETTE.

En ce cas, un mot...

CYPRIEN.

Lequel?

TOINETTE.

Répondez-moi franchement... Avez-vous vingt-deux francs à vous appartenant, et qui ne doivent rien à personne?

CYPRIEN.

J'ai un livret à la Caisse d'épargne...

TOINETTE.

Vingt-deux francs, ça me suffit, c'est pour faire un compte.

CYPRIEN.

En v'là un drôle de conte que vous me faites là!

TOINETTE.

Enfin, les avez-vous?

CYPRIEN.

Mais oui, pardine!

TOINETTE.

Eh bien! suffit, je réfléchirai à votre proposition... Maintenant je vas à mon chocolat, frottez.

CYPRIEN.

Au revoir, mam'zelle Toinette.

TOINETTE.

Au revoir, monsieur Cyprien.

AIR :
Je vais à ma cuisine,
Frottez votre salon.

**CYPRIEN.**
Dieu! comme elle est câline!
Béni soit le melon.

**ENSEMBLE.**

| TOINETTE. | CYPRIEN. |
|---|---|
| Je vais à ma cuisine, | Allez à la cuisine, |
| Frottez votre salon. | Je frotte le salon. |
| Si je suis si câline, | Dieu! comme elle est câline! |
| Qu'on s'en prenne au melon. | Béni soit le melon! |

(*Toinette sort.*)

## SCÈNE IV

**CYPRIEN,** *seul.*

Est-elle gentille tout de même, cette fille-là! j'en raffole... Y a qu'une chose qui me chiffonne... c'est les vingt-deux francs... si elle va s'amouracher comme ça de tous les hommes qui ont vingt-deux francs, ça sera gênant tout de même.

AIR :
Si tout homme est sûr de lui plaire,
Pourvu qu'il possèd' vingt-deux francs,
Je crains, et c'est c' qui m' désespère,
De voir affluer les chalands.
Je crois qu'à vingt-deux francs par homme,
Ell' trouv'rait plus d'un souscripteur;
Chacun voudrait, pour cette somme,
Prendre une action sur son cœur.        (bis)

Ah! j'ai bien peur que la demande d'un si faible capital ne nuise à mes intérêts. (*Douillard sort de sa chambre, il a un habit et tient une canne à la main.*)

## SCÈNE V

**CYPRIEN, DOUILLARD.**

**DOUILLARD,** *faisant le moulinet avec sa canne.*
Une, deux... parez-moi celle-là... hop! là... trop tard... touché!... (*Il lui donne un léger coup de canne.*)

**CYPRIEN.**
Dites donc! Eh! là-bas!

**DOUILLARD.**
Une, deux, parez-moi cette autre...

**CYPRIEN.**
Dites donc, hein! Vous savez... ne plaisantons pas avec ça... l' bâton ça me connaît.

DOUILLARD.

Je vous crois... il vous connaît et vous le connaissez.

CYPRIEN.

Dam ! quand on l'a toute la journée en main.

DOUILLARD.

Il paraît même que vous vous en servez avec une adresse étonnante.

CYPRIEN.

Vous savez ce que c'est... à chacun son métier... v'là assez longtemps que je frotte.

DOUILLARD, *à part*.

Il frotte... drôle d'expression... ce doit être un mot de bâtonniste.

CYPRIEN.

Pour le frottage, voyez-vous, j'crains personne.

DOUILLARD, *à part*.

Ah ! je comprends... le frottage des reins.

CYPRIEN.

Du reste, je suis connu... j'ai frotté tout ce qu'il y a de mieux à Paris... des avocats, des avoués, des agents de change.

DOUILLARD.

Voyez-vous ça !...

CYPRIEN.

Le parquet, ça me connaît.

DOUILLARD.

Comment, le parquet? (*A part.*) Ah ! j'y suis... le parquet... il dit ça à cause des avocats et des agents de change!...

CYPRIEN.

Quand on a de la poigne, du jarret et de l'estomac, c'est un métier pas malaisé.

DOUILLARD.

Comme estomac, je n'en manque pas; le jarret, est assez ferme... Quant au poignet, il est solide.

CYPRIEN.

Ainsi, vous comprenez... vous tenez votre bâton comme ça, n'est-ce pas?... (*Jeu de scène.*)

DOUILLARD.

Ah ! très-bien... nous commençons la leçon... comme ça... (*Il exécute avec sa canne le même jeu.*)

CYPRIEN.

Non, c'est trop droit...

DOUILLARD.

Oblique alors... comme ceci...

CYPRIEN.

Ça y est... et puis vous partez de là, avec la jambe droite, en vous appuyant sur la gauche.

DOUILLARD.

Est-ce ainsi ?

CYPRIEN.

Vous vous appuyez pas assez sus l'hanche.

DOUILLARD, *à part*.

Oh ! l'hanche... Après ça... un professeur de bâton... (*Haut.*) Ça y est-il ?

CYPRIEN.

Ça y est... et vous partez de là... et vous frottez .. et vous frottez... et je te frotte... et je te refrotte... et je te rererefrotte. (*Jeu de scène. Douillard imite Cyprien.*)

DOUILLARD.

Mais ce n'est pas une leçon de canne que vous me donnez là... c'est une leçon de frottage.

CYPRIEN.

Quoi que vous dites ?

DOUILLARD.

Rien ! (*A part.*) Après ça, c'est peut-être un nouveau système ?

ZÉLIA, *en dehors*.

Il est là... je l'entends...

DOUILLARD.

Bigre ! ma femme... je me sauve... pas un mot .. je veux qu'elle ignore tout..., mystère !... mystère !... (*Il rentre dans sa chambre.*)

CYPRIEN.

En v'là un drôle de bourgeois... je parie que je finis par lui faire frotter l'appartement à ma place... Ah ! s'ils étaient tous comme ça... ça serait pas un métier bien dur.

## SCÈNE VI

### CYPRIEN, ZÉLIA

ZÉLIA.

Ah ! je vous attendais, monsieur.

CYPRIEN.

Y a déjà un bout de temps que je suis là, madame.

ZÉLIA.

Cette sotte de Toinette qui ne me prévient pas.

CYPRIEN.

Du reste, dès que j'ai été averti, je suis venu.

ZÉLIA.

C'est très-aimable de votre part, et avez vous tout ce qu'il vous faut?

CYPRIEN.

Tout, madame... (*Montrant son sac.*) Brosse, couleurs, tout est là.

ZÉLIA.

Très-bien.

CYPRIEN.

Faudra-t-il vous mettre en couleur?

ZÉLIA.

Oui, ce sera plus brillant.

CYPRIEN.

Madame peut être tranquille... je vas vous brosser ça en artiste...

ZÉLIA.

Je n'en doute pas, monsieur...

CYPRIEN, *à part*.

Elle est polie la bourgeoise.

ZÉLIA, *à part*.

Il est un peu commun, mais ces artistes sont si excentriques. (*Haut.*) Si vous le voulez, nous allons passer dans mon appartement.

CYPRIEN.

Ah! nous commençons chez vous...

ZÉLIA.

Oui, nous serons moins dérangés.

CYPRIEN.

Très-bien... (*A part.*) C'est une belle femme, la bourgeoise!

ZÉLIA.

Je serais désolée que mon mari vous surprît.

CYPRIEN.

Hein!...

ZÉLIA.

S'il arrivait là... juste au moment...

#### CYPRIEN.

Eh ! bien...

#### ZÉLIA.

Dame ! il n'y aurait plus moyen de lui cacher la chose.

#### CYPRIEN, *à part.*

Que dit-elle ?

#### ZÉLIA.

Et je tiens à lui cacher la chose, vous comprenez...

#### CYPRIEN.

Je comprends... je... oui... je comprends parfaitement.

#### ZÉLIA.

Mais, que voulez-vous?.. c'est une si grande joie pour moi... que... ma foi, tant pis... je me risque.

#### CYPRIEN, *à part.*

Est-ce que mes charmes auraient séduit la bourgeoise ?

#### ZÉLIA.

C'est un excellent homme que mon mari.

#### CYPRIEN.

Je n'en doute pas.

#### ZÉLIA.

Songez que vous allez travailler pour lui.

#### CYPRIEN.

Je veux bien, allons-y.

## SCÈNE VII

### Les Mêmes, TOINETTE.

#### TOINETTE, *entrant.*

Tiens, madame avec le frotteur...

#### ZÉLIA.

Ah ! Toinette, je rentre dans mon appartement avec monsieur. Je n'y suis pour personne.

#### TOINETTE.

Hein !

#### ZÉLIA.

Qu'on ne me dérange sous aucun prétexte...

#### TOINETTE.

Mais...

#### ZÉLIA.

Sous aucun prétexte...

#### TOINETTE.

Cependant...

CYPRIEN.

Sous aucun prétexte...

ZÉLIA.

Venez-vous, monsieur?.. (*Elle rentre à droite.*)

CYPRIEN, *la suivant.*

Je vous suis... soyons galant... Madame, quand vous mangez du melon, avalez les pepins... sans ça...

(*Il disparaît.*)

## SCÈNE VIII
TOINETTE, *seule.*

En voilà une bonne, par exemple... Madame qui s'enferme avec le frotteur, qu'est-ce que ça peut bien vouloir dire?... Entre nous, il m'a l'air suspect ce frotteur. Il m'a conté fleurette comme ça du premier coup... Si c'était pour me donner le change... Oui... quelle idée... c'est peut-être un déguisement... il a l'air distingué... plus de doute!... c'est un amant déguisé... et il est là... pauvre monsieur Douillard!... tiens, ça me fait penser qu'on vient d'apporter une lettre pour lui... il faut que j'aille la lui remettre... (*Au moment où elle se dirige vers la chambre de Douillard, celui-ci en sort mystérieusement*).

## SCÈNE IX
TOINETTE, DOUILLARD.

DOUILLARD.

Toinette!

TOINETTE.

Monsieur!... (*A part*) Pauvre homme!...

DOUILLARD.

Est-il parti?

TOINETTE.

Qui ça?

DOUILLARD.

Cet homme qui était là tout à l'heure.

TOINETTE, *à part.*

Il l'a vu.. (*Haut.*) Dame! monsieur .. (*A part.*) C'est très-embarrassant.

DOUILLARD.

Eh bien!

TOINETTE.

Oui... monsieur... oui, il est parti... (*A part.*) Je ne puis pourtant pas lui dire qu'il est.

DOUILLARD.

Je respire...

TOINETTE.

Monsieur, voici une lettre, qu'on vient d'apporter pour vous.

DOUILLARD, *la prenant*.

Très-bien... Dis-moi, Toinette, j'ai une confidence à te faire.

TOINETTE.

A moi ?

DOUILLARD.

Tu ignores quel est cet homme qui est venu ici tout à l'heure?

TOINETTE.

Dame, monsieur... je croyais d'abord que c'était...

DOUILLARD.

Ne m'interromps pas... tu l'ignores, tu dois l'ignorer.

TOINETTE, *à part*.

Est-ce qu'il saurait tout?

DOUILLARD.

Eh bien ! quoi que tu découvres... quoi que tu apprennes... n'en dis rien à personne.

TOINETTE.

Oh! monsieur, pour ça...

DOUILLARD.

Si tu nous surprends un jour tous deux... la canne en main... en train de nous escrimer ensemble...

TOINETTE, *à part*.

Ah! mon Dieu... j'ai peur que ça ne finisse mal.

DOUILLARD.

Pas un mot... rien... tu n'as rien vu...

TOINETTE.

Monsieur peut être tranquille, ce n'est pas moi qui irai crier par-dessus les toits que monsieur est...

DOUILLARD.

Certes, il n'y a pas de mal à ça... je ne suis pas le premier qui...

TOINETTE.

Et vous ne serez pas le dernier, allez, monsieur...

DOUILLARD.

Mais que ma femme surtout ignore tout.

TOINETTE.

Votre femme ?

DOUILLARD.

Oui, je tiens essentiellement à ce qu'elle ne soupçonne jamais la présence de cet homme chez moi.

TOINETTE, *à part.*

Que dit-il ? mais alors il ne sait donc rien ?

DOUILLARD, *décachetant la lettre qu'il a dans la main.*

Elle ne l'a pas vu, n'est-ce pas ?

TOINETTE, *à part, riant.*

S'il savait qu'elle est avec lui...

DOUILLARD, *lisant.*

Ah ! mon Dieu ! que lis-je ?

TOINETTE.

Quoi donc !... un malheur ?

DOUILLARD.

Le professeur de bâton qui m'écrit, pour me dire qu'il ne pourra commencer que la semaine prochaine !... mais alors, l'autre... celui qui m'a donné tout à l'heure ma première leçon... c'était donc un faux professeur... Ah ! mon Dieu ! quel soupçon traverse ma pensée !... Toinette !...

TOINETTE.

Monsieur...

DOUILLARD.

Où est-il ?

TOINETTE.

Qui ça ?..

DOUILLARD.

Lui ?...

TOINETTE.

Qui ça... lui ?

DOUILLARD.

L'homme qui était là tout à l'heure.

TOINETTE.

Dame !... monsieur...

DOUILLARD.

Répondras-tu ?...

TOINETTE.

Eh ! bien, monsieur, il est en train de frotter chez madame.

DOUILLARD.

Frotter... comment, frotter ?..

###### TOINETTE.

Eh! bien, oui, monsieur, c'est le frotteur.

###### DOUILLARD.

N'essayez point de me donner le change, mademoiselle Toinette ; je ne suis point un tonton, et si vous êtes de connivence avec les coupables, je saurai bien vous faire parler, moi.

###### TOINETTE.

Mais, monsieur...

###### DOUILLARD.

Cet homme n'est point le frotteur... Je le connais, notre frotteur... Antoine, je le connais... et cet homme n'est point Antoine.

###### TOINETTE.

Ah! c'est que... pour ce qui est d'Antoine, je vais vous dire, monsieur...

###### DOUILLARD.

Oui, barbotte, va, barbotte...

###### TOINETTE.

Quand vous mangez du melon... voyez-vous, monsieur... faut toujours avaler les pepins...

###### DOUILLARD.

A quel propos viens-tu me parler de melon?... Serait-ce une allusion?...

###### TOINETTE.

Allusion... J' sais pas c' que c'est, monsieur. Mais c'est Antoine qui...

###### DOUILLARD.

C'est que je n'aime pas les personnalités.

###### TOINETTE.

Je ne sais pas s'il est alité... mais il n'a pas pu venir, et il s'est fait remplacer.

###### DOUILLARD.

C'est bien... en voilà assez... Tu es sans doute payée pour te taire...

###### TOINETTE.

Ah! monsieur...

###### DOUILLARD.

Seulement, comme tu dois servir mes intérêts avant tout, et que tu les négliges... je te flanque à la porte...

###### TOINETTE.

Très-bien... monsieur...

DOUILLARD.

Je te donne tes huit jours.

TOINETTE.

Ah! demain, si vous voulez, aujourd'hui même...En v'là un caractère!.. (*Elle sort.*)

DOUILLARD.

Tout le monde me trahit... je ne suis entouré que de faussetés et de mensonges. Eh bien! je découvrirai tout par moi-même... seul, sans le secours de personne!... Il est là, cet homme, chez ma femme... ce faux frotteur... ce Buckingham... déguisé... mais je saurai bien arriver jusqu'à lui... Que peut-il faire?... Voyons donc, si je mettais un œil au trou de la serrure ?... Un mari... c'est bien mon droit...

(*Au moment où il va pour regarder, Zélia ouvre vivement la porte de façon, à ce qu'il se trouve caché par elle.*)

## SCÈNE X

### DOUILLARD, ZÉLIA.

ZÉLIA, *sortant avec colère.*

Comprend-on ça?... depuis deux heures je me confonds en politesses envers ce jeune homme, persuadée que j'ai affaire au peintre que j'ai fait demander, puis, au moment où je le prie de se mettre à l'œuvre, je m'aperçois que ce n'est qu'un frotteur, et il m'apprend qu'il vient pour remplacer Antoine, retenu par les suites d'une trop copieuse absorption de melon... Jugez de ma fureur... Ah! je ne me pardonnerai jamais une telle méprise... (*Apercevant Douillart qui, pendant ce monologue, a refermé la porte de l'appartement de sa femme*). Mon mari...

DOUILLARD.

Oui, madame... C'est moi... moi votre mari... qui sais tout...

ZÉLIA.

Tant pis... car je comptais vous le cacher.

DOUILLAD.

Précaution inutile...

ZÉLIA.

Je le regrette...

#### DOUILLARD.

Comment, madame, c'est là le seul trouble que vous manifestez, quand je vous dis que je sais tout... Tout... entendez-vous ?...

#### ZÉLIA.

Je m'explique peu votre colère pour si peu de chose.

#### DOUILLARD.

Un pareil calme !... Mais vous n'avez donc pas compris ?... Tout !... je sais tout !...

#### ZÉLIA.

Mon crime est-il donc si grand ?

#### DOUILLARD.

Je vois, madame, qu'il faut que je m'explique d'une façon plus nette... Vous n'étiez pas seule dans votre appartement, madame ?...

#### ZÉLIA.

C'est vrai ! mon ami...

#### DOUILLARD.

Vous l'avouez...

#### ZÉLIA.

Et comment pourrais-je le nier ? cet homme est encore là... Vous pouvez en juger par vous-même...

#### DOUILLARD.

Quel cynisme !...

#### ZÉLIA.

Il est en train de faire son ouvrage ; il frotte.

#### DOUILLARD.

Ah ! oui, il frotte... très-bien... C'est un frotteur, n'est-ce pas ?... Votre camériste, votre complice, mademoiselle Toinette me l'a déjà faite celle-là... C'est un frotteur.

#### ZÉLIA.

Ah ça ! expliquez-vous, je ne vous comprends plus.

#### DOUILLARD.

Je l'ai flanquée à la porte, votre bonne.

#### ZÉLIA.

Et pourquoi donc ?

#### DOUILLARD.

Parce que l'homme qui est là, chez vous, n'est point un frotteur...

#### ZÉLIA.

Qu'est-ce donc, alors ?

DOUILLARD.

Ce freluquet n'est autre qu'un séducteur, qui a endossé de faux habits pour s'introduire céans.

ZÉLIA.

Comment?.... Toinette aurait donc des intrigues?...

DOUILLARD.

Il ne s'agit point de Toinette, mais de vous, madame !

ZÉLIA.

Ah ça !... vous êtes fou, je suppose...

DOUILLARD.

Si je n'étais que ça...

ZÉLIA.

Mais je t'assure que je ne sais...

DOUILLARD.

Pourquoi donc, alors, cet air troublé, tout à l'heure, en sortant de votre appartement?...

CYPRIEN, *en dehors.*

Eh ! là-bas, ouvrez...

DOUILLARD.

Attends, vil paltoquet, je vais t'ouvrir. Où est ma canne?... Ah ! la voici !...

CYPRIEN, *en dehors.*

Dites donc, eh ! j'ai fini la chambre, ouvrez, je suis pressé... J'ai d'autres clients à frotter...

ZÉLIA.

Que signifie tout ceci?

DOUILLARD, *agitant sa canne.*

C'est moi qui vais te frotter... mon bonhomme.

(*Il ouvre la porte.*)

## SCÈNE XI

### Les Mêmes, CYPRIEN.

CYPRIEN, *sortant de l'appartement.*

Enfin !... j'ai cru que vous ne vouliez plus m'ouvrir. Je me disais : Est-ce que le bourgeois va me garder chez lui ?...

DOUILLARD.

Oui !... N'est-ce pas?... Je t'aurais hébergé... choyé... dorloté...

CYPRIEN, *riant.*

Dame ! ça ne serait point de refus... (*A part.*) Quel bon garçon que ce bourgeois-là !

#### DOUILLARD.

Et tu aurais consenti à te trouver chaque jour en face de moi, à t'asseoir à ma table, à reposer ta tête sur mon traversin hospitalier, et, qui sait? à me serrer la main, peut-être.

#### CYPRIEN.

Ah! j'aurais jamais osé...

#### DOUILLARD.

C'est heureux... Le gredin a encore un reste de pudeur.

#### CYPRIEN.

Voyons, c'est pas tout ça... Oùsqu'il faut que je frotte, à cette heure?

#### DOUILLARD.

Cessons cette comédie. monsieur. J'en connais l'intrigue. et, nous allons, si vous le voulez bien, passer au dénoûment. (*Il agite sa canne.*)

#### ZÉLIA.

Je ne comprends pas un mot à tout ce qui se passe.

#### DOUILLARD.

Je ne suis point dupe... vous le supposez bien, de votre grossier travestissement... Sous l'habit du frotteur... je sais deviner l'homme du monde...

#### CYPRIEN.

Pour ce qui est d'être du monde, ça, c'est vrai... que j'en suis .. mais je ne comprends pas ce que...

#### DOUILLARD.

Je me ferai comprendre, et, d'abord, êtes-vous bien sûr d'avoir toujours été frotteur?

#### CYPRIEN.

De père en fils... Mon Dieu, oui.. c'est une vocation dans la famille.

Air : *Castibelza.*

#### DOUILLARD.
Finissons-en, faut ici qu'on se nomme!
#### CYPRIEN.
Je suis frotteur!
#### DOUILLARD.
N'êtes-vous pas un noble gentilhomme?
#### CYPRIEN.
Je suis frotteur!
#### DOUILLARD.
De votre jeu je devine la trame!
#### CYPRIEN.
Je suis frotteur!

DOUILLARD.
Et vous venez ici pour ma femme!
CYPRIEN.
Je suis frotteur! (*Bis.*)
DOUILLARD.
Eh bien! moi, je vous déclare que vous n'êtes point ce que vous prétendez être...
CYPRIEN.
Ah! pour ça... aussi vrai qu'y a qu'un Dieu en France...
DOUILLARD.
Vous n'êtes qu'un séducteur, et vous ne vous êtes introduit ici que dans un but... celui d'y courtiser ma femme..
CYPRIEN.
Ça, c'est vrai...
ZÉLIA.
Que dit-il?
DOUILLARD.
Il l'avoue, le lâche...
CYPRIEN.
Et je crois que je n'ai pas perdu mon temps.
DOUILLARD.
Comment l'entendez-vous?
CYPRIEN.
Dame! quand on a un béguin pour une personne du sexe, coûte que coûte, faut arriver...
DOUILLARD.
Je ne sais qui me retient... de lui casser les reins...
CYPRIEN.
Et, je suis arrivé...
DOUILLARD.
Comment, tu es...
ZÉLIA.
Monsieur, expliquez-vous, je vous prie. Car mon mari me fait jouer ici un rôle qui me froisse.
CYPRIEN.
Que je m'explique!... C'est bien simple. Quand Antoine m'a dit : Vas-y à ma place, vu que le melon, quand on n'avale pas les pepins... y a rien de plus traître...
DOUILLARD.
Trêve de plaisanterie, monsieur!...
CYPRIEN.
Je ne plaisante pas... Je me suis dit : J'vas y aller avec plaisir... vu que ça me fournira l'occasion de la voir...

ZÉLIA.

Mais, enfin... de voir... qui ?

DOUILLARD.

Oui... qui ?... pas moi, je suppose.,

CYPRIEN.

Mais non... vot' bonne, mam'zelle Toinette....

DOUILLARD.

Monsieur, cette nouvelle histoire est complétement invraisemblable... Car, en ce cas, vous ne vous seriez pas fait passer à mes yeux... comme vous l'avez fait, pour un professeur de canne..

CYPRIEN.

Moi ?..

DOUILLARD.

Vous deviez savoir que j'en attendais un...

ZÉLIA.

Vous attendiez un professeur de canne ?

DOUILLARD.

Oui, madame...

ZÉLIA.

A sept heures du matin.

DOUILLARD.

Oui, madame. il devait venir me donner les leçons... le matin, au saut du lit... avant votre réveil... car je voulais vous cacher la chose...

ZÉLIA.

Mais dans quel but ces leçons ?

DOUILLARD.

Afin d'apprendre à casser les reins au premier freluquet qui se serait permis de venir folâtrer autour de vous.

CYPRIEN.

C'est une bonne idée... ça...

DOUILLARD.

Tu trouves ?

ZÉLIA.

Ainsi, monsieur, vous n'avez que de mauvaises pensées... quand mon seul crime, à moi, est d'en avoir eu une bonne.

DOUILLARD.

Comment cela ?

ZÉLIA.

Il s'en est malheureusement suivi une méprise, qui est cause de tout le bruit que vous faites pour rien.

DROUILLARD.

Pour rien ?...

CYPRIEN.

Avec tout ça... je frotte toujours pas.

## SCÈNE XII

### Les Mêmes, TOINETTE.

TOINETTE, *entrant rivemeut une lettre à la main.*

Madame, voici... (*Apercevant Douillard, elle cache la lettre et reste interdite*).

ZÉLIA.

Quoi donc ?...

TOINETTE.

Rien, madame... je...

ZÉLIA.

Enfin quoi ?... qu'y a-t-il ?...

DOUILLARD.

On dirait qu'elle cache quelque chose... Nouveau mystère !

(*Cyprien lutine Toinette.*)

ZÉLIA.

Toinette, dis, je te t'en prie, ce qui t'amène... pas de nouvelles réticences... je suis lasse de tout ce qui se passe.

TOINETTE.

Eh ! bien, madame, c'est une lettre pour vous, personnelle.

ZÉLIA.

Donne. (*Elle l'ouvre.*)

DOUILLARD.

Nouvelle complication... elle n'a pas l'air troublé.

ZELIA, *donnant la lettre à son mari.*

Voilà... lisez...

DOUILLARD.

Mais, je...

ZÉLIA.

Lisez, vous dis-je...

DOUILLARD, *lisant.*

« Me rendre chez vous sans être aperçu de monsieur
» votre mari me semble assez difficile ; je crois qu'il y aurait
» un moyen moins dangereux... si vous prétextiez une

» sortie pour emplettes, ou pour tout autre motif, et si
» vous vouliez bien venir chez moi... nous serions plus
» tranquilles et ce serait plus sûr... votre mari ignorerait
» bien certainement la chose. » — Comment, madame,
vous osez me faire lire une preuve aussi flagrante de
votre trahison.

### ZÉLIA.

Vous n'êtes qu'un vilain jaloux, monsieur... et vous
mériteriez bien que, pour vous punir, votre femme fît ce
qu'elle n'a jamais eu l'intention de faire..

### DOUILLARD.

Mais j'ai pourtant bien lu...

### ZÉLIA.

C'est dans huit jours votre fête, n'est-ce pas ?

### DOUILLARD.

Oui, mais cela n'a aucun rapport...

### ZÉLIA.

Je comptais vous offrir mon portrait.

### DOUILLARD.

Eh bien ?...

### ZÉLIA.

J'ai donc fait prévenir un artiste peintre, afin qu'il
vienne ici, le matin, au saut du lit, avant votre réveil...
car je voulais vous cacher la chose...

### DOUILLARD.

Comme moi pour le bâton...

### ZÉLIA.

Et il me répond tout simplement par la lettre que voici.

### DOUILLARD.

Mais alors, lui, le frotteur.

### ZÉLIA.

Je l'ai tout d'abord pris pour le peintre que j'attendais;
de là une méprise, et de là vos fureurs d'Othello...

### DOUILLARD.

Eh! quoi... il serait vrai ?... Mais alors, j'ai eu tort de
flanquer Toinette à la porte... Toinette, mon enfant, il n'y a
rien de fait, je le garde...

### TOINETTE.

Ah! non, monsieur...

### DOUILLARD.

Comment, tu veux nous quitter?

### TOINETTE.

Mais oui... puisque j'épouse le frotteur. (*Elle montre Cyprien.*)

### CYPRIEN.

Oui, bourgeois, oui... nous nous marions... tous les deux ensemble.

### DOUILLARD, *à Toinette.*

Eh bien ! soit, pars... Nous aussi, ma femme, nous allons partir...

### ZÉLIA.

Comment cela ?

### DOUILLARD.

Nous voilà sans servante : c'est la belle saison ; nous allons, si tu le veux bien, mon ange adoré, passer un mois à Étretat.

### TOINETTE.

Et vous aurez raison... les bains de mer, ça guérit de tout ; si ça pouvait vous guérir de votre jalousie...

### DOUILLARD.

Désormais, ma femme, je deviens aveugle, j'ai confiance.

### ZÉLIA.

A la bonne heure !

### DOUILLARD, *à part.*

J'irai prendre mes leçons chez le professeur.

## COUPLET FINAL.

### DOUILLARD.

Air: *Couplet de Valentin* (2° acte *Petit Faust*).

Plus de soupçons jaloux, car hélas ! dans la vie,
Que de tourments affreux cause la jalousie !
On se rend malheureux, et c'est un tort bien grand,
Car, en craignant de l'être, on le devient souvent:

### REPRISE ENSEMBLE.

---

1612.— Typ. Morris père et fils., rue Amelot, 64.

## EN VENTE A LA MEME LIBRAIRIE (*Suite.*)

Les Filles mal gardées, comédie en 3 actes, par MM. Varin et Michel Delaporte. 2 »

Les Finesses de Bouchavanes, comédie en un acte, mêlée de chant, par MM. Marc-Michel et Ad. Choler. 1 »

Fleur de Thé, opéra-bouffe en 3 actes, par MM. A. Duru et H. Chivot musique de M. Charles Lecocq. 1 50

La Foire d'Andouilly, tableau populaire en un acte, par MM. Jules Moinaux et Henri Bocage, in-18. 1 »

Les Forfaits de Pipermans, vaudeville en un acte, de MM. H. Chivot et A. Duru. 1 »

Les Gammes d'Oscar, folie-vaudeville en un acte, par M. W. Busnach, musique de M. G. Douay. 1 »

Un Gendre, comédie en 4 actes, par M. Raymond Deslandes. In-18. 2 »

La Grammaire, comédie-vaudeville en un acte, par MM. Eugène Labiche et Jolly. in-18 1 »

Les Grues, comédie en 4 actes, par Aug. Delaporte. 1 »

Un Habit par la Fenêtre, vaudeville en un acte, par M. J. Renard. 1 »

Haydée, ou le Secret, opéra-comique en 3 actes, par M. E. Scribe. Gr. in-8. 1 »

Une Histoire ancienne, comédie en un acte, par MM. Ed. About et Emile de Najac. In-18. 1 »

L'Homme aux 76 femmes, comédie en un acte, par MM. Siraudin, H. Thiéry et Bedeau. 1 »

Un Homme de bronze, comédie-vaudeville en un acte, par MM. H. Chivot et A. Duru. 1 »

L'Homme au pavé, vaudeville en un acte, par M. H. Thiery. 1 »

L'Homme de rien, comédie en 4 actes de M. Aylic Langle. 2 »

L'Homme du Sud, à-propos burlesque, mêlé de couplets, par MM. Rochefort et A. Wolff. 1 »

L'Homme qui manque le coche, comédie-vaudeville en 3 actes, par MM. Eugène Labiche et Delacour. 2 »

L'Honneur du nom, drame en deux époques et 10 tableaux, par MM. Alp. Pagès et d'Albert, tiré du roman de Monsieur Lecoq, par E. Gaboriau. In-4. » 50

Les Idées de Beaucornet, comédie en un acte, par MM. Adolphe Belot et Siraudin. In-18. 1 »

L'Ile de Tulipatan, opéra-bouffe en un acte, par MM. Henri Chivot et Alfred Duru. 1 »

Jean la Poste, drame anglais en 5 actes et 10 tableaux, par M. Dion Boucicault, arrangé pour la scène française, par M. E. Nus. Deux éd't.
1. In-18. 2 »
2. In-4 à 2 col. » 50

Jeanne la Folle, opéra en 5 actes, par M. E. Scribe, musique de M. Clapisson. Gr. in-8.

Jeanne qui pleure et Jean qui rit, opérette en un acte, par MM. Ch. Nuitter et E. Trefeu, musique de M. Offenbach. 1 »

Jeanne la Rousse, drame en 5 actes, par M. E. Bauby. in-18. 2 »

La Jeunesse du roi Henri, drame historique en 5 actes et 7 tableaux, de M. P. du Terrail. In-4 » 50

La Jeunesse de Mirabeau, pièce en 4 actes, de MM. Aylic Langle et R. Deslandes. 2 »

Un Jeune Homme timide, comédie en un acte, par M. Decourcelle. In-18. 1 »

Le Joueur de flûte, vaudeville romain, de M. Ju. les Moinaux, musique gauloise de M. Hervé. 1 »

Un Jour de première, comédie-vaudeville en un acte, par M. Varin. 1

Léonard, drame en 5 actes et 7 tableaux, par MM. E. Brisebarre et Eug. Nus. In-4. 5 »

Lisez Balzac, comédie en un acte, par MM. Eug. Nus et R. Bravard. 1 »

Le Livre bleu, comédie en un acte, par MM. Eug Labiche et E. Blum, in-18. 1 »

La Loge d'Opéra, comédie en un acte, par M. Jules Lecomte. 1 »

Lohengrin, opéra en 3 actes, de Richard Wagner, traduction de M. Ch. Nuitter, in-18. 1 50

Le Luxe de ma femme, comédie-vaudeville en un acte, par MM. H. Chivot et A. Duru. 1 »

Macbeth (de Shakspeare), drame en 5 actes, en vers, par M. Jules Lacroix. 2e édit. 2 »

Madame Pot-au-Feu, comédie-vaudeville en un acte, par MM. Varin et M. Delaporte. 1 »

Mademoiselle la Marquise, comédie en 5 actes, en prose, précédée d'un prologue, par MM de Saint-Georges et Lockroy. In-18. 2 »

La Main leste, comédie-vaudeville en un acte, par MM. Eugène Labiche et Edouard Martin, In-18. 1 »

Le Malade au mois, pièce en un acte, avec écurie et remise, par MM. Cham et A. de Lasalle. 1 »

La Malle de Lise, scènes de la vie de garçon par M. Edouard Brisebarre. 1 »

Ma'me Maclou, folie mêlée de chant, par M. Dupin.

Marco-Spada, opéra-comique en 3 actes, par M. E. Scribe, musique de M. Auber. Gr. in-8. 1 »

Un Mari qui lance sa Femme, comédie en 3 actes, de MM. Labiche et R. Deslandes. 1 »

Les Masques, opéra-comique en 3 actes, paroles de MM. Nuitter et Beaumont, mus. de M. Pedrotti. In-18. 1 50

Les Médecins, pièce en 5 actes, par MM. E. Nus et E. Brisebarre. 2 »

Même Maison, vaudeville en un acte, par M. Jules Renard. 1 50

Ménage à quatre, vaudeville en un acte, par MM. Alfred Duru et Henri Chivot 1 »

Les Mensonges innocents, comédie en un acte par MM. Clairville et Gastineau. 1 »

Les Mères terribles, scènes de la vie bourgeoise, en un acte, par MM. L. Chivot et Alfred Duru 1 »

Moi, comédie en 3 actes, en prose, de MM. Eugène Labiche et Edouard Martin. 2 »

Un Monsieur qui a perdu son mot, comédie-vaudeville en un acte, de M. Jules Renard. 1 »

Monsieur boude, scènes de la vie conjugale, en un acte, par M. Delacour. 1 »

M. Grandier, drame en 5 actes, en vers, par M. Guichard, in-18. 2 »

Les Mousquetaires du Carnaval, folie-vaudeville, en 3 actes, par MM. Grangé et Lambert Thiboust. 1 50

Le Musée d'anatomie, vaudeville en un acte, par M. Jules Renard, in-18. 1 »

Le Mystère, comédie en un acte et en prose, par Édouard Cadol.

Une Noce sur le carré, comédie-vaudeville en un acte, par M. Jules Renard. 1 »

Ne Touchez pas à la Reine, opéra-comique en 3 actes, par MM. Scribe et G. Vaez, musique de M. Boisselot. Gr. in-8. 1 »

La Nonne sanglante, opera en 5 actes, par MM. Scribe et G. Delavigne, musique de M. Gounod. Gr. in-8. 60

Nos Gens, comédie en un acte, par M. Emile de Najac. In-18. 1 »

Une Nuit à Bougival, vaudeville en un acte, par M Edm. Pourcelle, in-18. 1 »

## EN VENTE A LA MEME LIBRAIRIE (Suite.)

La Nuit du 15 octobre, opérette militaire en un acte, par MM. Leterrier et Vanloo. 1 »
L'Oncle Margottin, vaudeville en un acte, par M. Charles Chincholle. 1 »
On lit dans l'Akhbar..., vaudeville en un acte, par MM. A. de Jallais et William Busnach. 1 »
L'Orphéon de Fouilly-les-Oies, folie musicale en un acte par M. Marquet, airs nouveaux de M. Kriesol. 1 »
Permettez, madame! comédie en un acte, de MM. E. Labiche et Delacour. 1 »
La Pénitente, opéra-comique en un acte, par MM. Henri Meilhac et W. Busnach, musique de Mme de Grandval. 1 »
Le Petit de la rue du Ponceau, comédie mêlée de chant, en 2 actes, de MM. Edouard Martin et Albert Monnier. 1 »
Les Petits oiseaux, comédie en 3 actes, par MM. Eug. Labiche et Delacour. 2 »
Les Petits du prince, opéra-bouffe en un acte, par M. W. Busnach, mus. de M. E Albert 1 »
Le Pifferaro, comédie-vaudeville en un acte par MM. Siraudin, A. Duru et H. Chivot. 1 »
Le Plus Heureux des Trois, comédie en trois actes, par M. Eugène Labiche, et Edmond Gondinet. 2 »
Les Plaisirs du dimanche, pièce en 4 actes, par MM. Thiéry et P. Avenel. In-4 » 50
Le Point de mire, comédie en 4 actes, par MM. Labiche et Delacour. 2 »
Les Points noirs, comédie en un acte, par M. Albert Wolf, in-18. 1 »
Le Porte-cigares, comédie en un acte, par M. Raimond Deslandes, in-18. 1 »
Le Premier pas, comédie en un acte, par MM. Labiche et Delacour. 1 »
Premier prix de piano, comédie-vaudeville en un acte, par MM. Labiche et Delacour. 1 »
Procédure et Cavalerie, vaudeville en un acte de MM. H. Chivot et Alfred Duru, airs nouveaux de M. Richard. 1 »
Les Projets de ma Tante, comédie en un acte, en prose, par M. Henri Nicolle. 2e édit. 1 »
Le Petit-Voyage, pochade en un acte, p. M. Eugène Labiche. In-8. 1 »
Un Pied dans le crime, comédie-vaudeville en 3 actes, par MM. Eugène Labiche et Adolphe Choler. In-18. 2 »
Au Pied du mur, comédie en un acte, par M. E. de Najac. In-18. » 60
Le Puits de Carnac, drame en 4 actes, par M. Ch. Dumay. 2 »
La Pupille d'un viveur, pièce en un acte, par MM. Lefranc et Decourcelle. In-18. 1 »
Les Rentiers, scènes de la vie bourgeoise, en 5 actes, par M. Edouard Brisebarre. In-18. 1 »
Le Rajah de Mysore, opérette bouffe en un acte, par MM. A. Duru et H. Chivot. 1 »
Les Relais, comédie en 4 actes, et en prose, par M. L. Leroy. 2 »
La Ressemblance, comédie en un acte, par MM. A. Vanloo et E. Leterrier, in-18. 1 »
Retiré des affaires, comédie en deux actes, par MM. Ed. About et E. de Najac. In-18. 1 50
Rienzi, opéra en 5 actes, paroles et musique de Richard Wagner, traduction française de MM. Nuitter et Guillaume. In-18. 1 »
La Revanche d'Arlequin, comédie en un acte, par M. Gabriel Prevost, in-18. 1 »
La Revanche de Candaule, opéra-bouffe en un acte, de MM. H. Thiéry et Paul Avenel, musique de M. Debillemont. 1 »
Les Rêves de Marguerite, comédie en un acte, par M. Eug. Verconsin, in-18. 1 »
La Rue des Marmousets, comédie en 3 actes, de MM. Bernard Lopez et Delacour. In-18. 2 »
Sacripant, opéra-comique en 2 actes, paroles de M. Philippe Gilles, musique de M. Jules Duprato. In-18. 1 »
Les Sabots d'Aurore, comédie en un acte, par MM. Raymond Deslandes et William Busnach. In-18. 1 »
La Saint-François, comédie en un acte, en prose, par madame Amélie Perronnet. In-18. 1 »
Salvator Rosa, drame en 5 actes et 7 tableaux, par M. Ferdinand Dugué. Gr. in-8 anglais 3 »
Ces Scélérates de bonnes, vaudeville en 3 actes, par MM. Laurencin et Mic. Delaporte. 1 »
Le Sommeil de l'innocence, comédie-vaudeville en un acte, par MM. Varin et M. Delaporte. 1 »
Spartacus, vaudeville en un acte, de M. Charles Nuitter. 1 »
La Source, ballet en 3 actes et 4 tableaux, de M. Charles Nuitter, chorégraphie de M. Saint-Léon, musique de MM. Minkous et Léon Delibes. In-18. 1 »
Un Tailleur pour Dames, comédie-vaudeville en un acte, par M. J. Renard. 1 »
La Tante Honorine, ou les Espérances, comédie en 3 actes, par MM. Alfred Duru et H. Chivot. 1 »
Un Ténor pour tout faire! opérette en un acte, MM. Varin et Michel Delaporte, mus. de M. V. Robillard. 1 »
Les Treize, drame en 5 actes et 6 tableaux, tiré du roman de Honoré de Balzac, par MM. Ferdinand Dugué et G. Peaucellier. In-18. 1 50
Les Trente-sept Sous de M. Montaudoin, comédie vaudeville en un acte, de MM. Labiche et E. Martin. 1 »
Les Tribulations d'un témoin, pièce en 3 actes, par M. Adrien Decourcelles. In-18. 1 50
Trois Hommes à jupons ou l'amour et la teinture vaudev. en un acte, par M. Carmouche. 1 »
Les Trous à la Lune, scènes de la vie parisienne en 4 parties, par MM. E. Brisebarre et E. Nus. 1 »
Les Truffes, comédie en 4 actes, mêlée de chant par MM. Ed. Martin et Alb. Monnier. 1 »
Les Vacances de Cadichet, vaudeville en un acte par MM. Commerson et Henri Normand. In-18. 1 »
La Veuve Beaugency, comédie-vaudeville en un acte, par MM. H. Chivot et A. Duru. 1 »
La Vieillesse de Brididi, vaudeville en un acte, de MM. A. Choler et Henri Rochefort. 1 »
Les Virtuoses du Pavé, bouffonnerie musicale en un acte, par M. William Busnach, mus. de M. A. Léveillé. » 60
Le Voyage en Chine, opéra-comique en 3 actes, par MM. Eug. Labiche et Delacour, musique de M. F. Bazin. 1 »
Le Vrai courage, comédie en 2 actes, par MM. Belot et Raoul-Bravard. 1 »
La Vie de château, folie-vaudeville en 3 actes, par MM. Chivot et Duru. In-18. 2 »
V'là le Général, folie vaudeville en un acte, par MM. Siraudin et Gaston Marot. 1 »
Le Wagon des Dames, comédie en un acte, par MM. Clairville et O. Gastineau. In-18 1 »
Yvonne, opéra comique en 3 actes, par M. Scribe, musique de M Limnander. Gr. in-8. 1

www.ingramcontent.com/pod-product-compliance
Lightning Source LLC
Chambersburg PA
CBHW060553050426
42451CB00011B/1890